Los cambios de un ciclo de vida suceden en orden. Una planta o un animal nace. Luego crece. Después cambia a medida que crece.

Las ranas crecen

Una rana nace de un huevo muy pequeño en el agua. Pronto el cascarón se rompe. Un **renacuajo** sale nadando del huevo. Un renacuajo es una rana muy joven.

Los renacuajos no se parecen a las ranas. Tienen cola. Los renacuajos nadan en el agua.

huevos de rana

renacuajos

rana joven

El renacuajo come, nada y crece. Pronto le salen las patas de atrás. Luego le salen las patas delanteras. Después la cola desaparece.

Pronto el renacuajo se hace una rana adulta. Salta a tierra. También nada en el agua. Tal vez un día ponga huevos.

rana

Las mariposas crecen

Las mariposas también nacen de un huevo. Del huevo sale una **larva.** Una larva es un insecto joven.

La larva de la mariposa se llama oruga. La oruga come, se arrastra y crece.

huevo de
mariposa

oruga

pupa

La mariposa espera que sus alas se sequen.

mariposa

La oruga cambia a <mark>pupa</mark> dentro de una cubierta dura. La pupa se convierte en mariposa. Sale de la cubierta.

La mariposa tiene alas y vuela. Tal vez un día va a poner huevos.

Los animales crecen y cambian

    Los animales jóvenes cambian cuando crecen. Cambian de tamaño o de forma.
    Las salamandras jóvenes tienen branquias, pero las adultas no. Las salamandras jóvenes y las adultas pueden ser de colores diferentes.

salamandra joven

salamandra adulta

Algunos animales jóvenes se parecen
a sus padres cuando crecen. Otras veces
tienen color, tamaño o marcas diferentes.

Los girasoles crecen

Un girasol es una planta. Casi todas las plantas crecen de semillas. Los girasoles crecen de semillas. El ciclo de vida de un girasol comienza en una semilla.

semilla
de girasol

plántula
de girasol

planta
de girasol

Nuevas semillas de girasol

Una **envoltura de semilla** protege la semilla. De la semilla crece una **plántula.** Luego a la plántula le salen raíces y un tallo. Pronto brotan flores. Las flores producen semillas. El ciclo de vida empieza otra vez.

Los árboles crecen

Los árboles son plantas. Crecen y cambian. Casi todos los árboles crecen de semillas. Primero, la envoltura de la semilla se abre. Después crece una plántula. Cuando pasan muchos años, la plántula se convierte en un árbol.

semilla

plántula

Algunos árboles tienen conos. Los pinos tienen conos. Dentro de los conos crecen las semillas. Otros árboles dan flores y frutos. Las semillas crecen dentro de los frutos.

cono o piña de pino

árbol

Las plantas crecen y cambian

Algunas flores tienen el mismo color, forma o tamaño. Algunas flores son diferentes unas de otras.

Estas flores se llaman lirios. ¿Ves diferencias entre estos lirios? ¡Cuenta las diferencias!

Las plantas y los animales son jóvenes cuando su ciclo de vida empieza. Cambian a medida que crecen. Las plantas adultas pueden producir semillas. Los animales adultos pueden producir huevos. Entonces comienza un nuevo ciclo de vida.

Glosario

ciclo de vida	las maneras en que cambian los seres vivos
envoltura de la semilla	la cubierta de las semillas
larva	un insecto joven
plántula	una planta joven
pupa	etapa en la vida de un insecto entre larva y vida adulta
renacuajo	una rana muy joven